OV

För Lotti un Günter

Hein Blomberg

Dat weern Tieden...

Quickborn-Verlag

Alle Rechte, insbesondere der Vervielfältigung,
der Dramatisierung, der Verfilmung, der Tonträgeraufnahme,
der Rundfunkübertragung, des Fernsehens und des Vortrages,
auch auszugsweise, vorbehalten.

Die plattdeutsche Schreibweise
ist unverändert vom Autor übernommen worden.

ISBN 3-87651-193-3

© Copyright 1996 by Quickborn-Verlag, Hamburg
Umschlaggestaltung: rellesch concept, Hamburg
Fotos auf dem Umschlag: Privatarchiv Blomberg
Gesamtherstellung: Clausen & Bosse GmbH, Leck
*Der Umwelt zuliebe
auf chlorfreigebleichtem Papier gedruckt
und nicht eingeschweißt*
Printed in Germany

Inhalt

Bi'n Bäcker 7
Een Witz, de keener weer 9
De Leithammels 12
Stopelloop 16
Am Tag der Arbeit 19
De Luftschutzkursus 21
Hans Meier 25
De schönste Wiehnachtsbescherung . . . 30
Dat Sonderkommando 33
Urlaub in' Schatten 36
Im Knast 39
Op'n Horchposten 42
De 8. Mai 1945 47
De Hiwis 51
Wiehnachten in Riga 54
De Spezialist 57
De Capri Fischer 60
De krummen Pannkoken 63

De falsche Vadder	67
In de Strootenbohn	70
De Revolution in de Waschkök	72
De Holtlokomotiv	75
Urlaub in Opas Goorn	78
Strandfohrt	82
De nüe Fernseher	85
De Fohrschool	88
Onkel Ludwig	91
De Examsarbeit	94

Bi'n Bäcker

As ick 1930 ut School keem, harr ick ne Loopstell bi Bäcker Junge in de Feldstroot. Veer Millionen Arbeitslose geef dat in Dütschland. 1932 weern dat al söß Millionen, un in ganz Kiel weer keene Lehrstell to kriegen. So müß ick froh sien, as ick bi mien Bäcker för fief Reichsmark in de Woch as Husdeener anfangen kunn.

De Arbeit hett mi ni besonners gefullen. Jeden Morgen weer ick mit'n Rad in Düsternbrook ünnerwegs un bröch de Semmel to de Lüüd. Wenn ick wedder trüch keem, müß ick in de Backstuv bi't Oprümen un Saubermoken hölpen. Nomiddags harr ick dann wedder de Düsternbrooktour un bröch Koken to de Kundschaft.

De Bäcker harr bald markt, dat ick ni tofreeden weer und lever ne Lehrstell finnen wull. »Dat kümmt gor ni in de Tüt«, wies he mi glieks torecht, »du kannst ok bi mi lernen.« Dat kunn ick ni glöven un segg to em: »Dat wull ick jo schon poormol, ober richtig Bäcker, un se hebb to mi seggt, ick sull nur arbeiten lernen, ober dat kann ick öberall.« »Du bliffst hier,« reep mien Bäcker, »dat geiht di god bi mi. Du lernst genug un schön Koken kannst du ok jeden Dag eten.«

Een poor Daag later hett de Bäcker een böses Maleur hatt. Op den langen Gang no de Backstuv is he utglitscht un de dree schmeerigen Stufen rünnerrutscht. Dorbi hett he sick een Ripp anknackst. Dorno müß he lange Tiet as anbackt in de Stuv in' Sessel sitten un hett mit jeden rumschimpt, de dor rin keem.

Dat weer mien Glück, denn to de Tiet hebbt se mi dat Geschäftsrad vör'n Lodenfenster wegklaut. Dor wull de Bäcker mi an de Plünn. He seet in sien Sessel mit'n Tortenpappdeckel inne Hand un segg immer, ick sull rankomen no em. Ick wuss ober, dat he mi een röberlang wull. Vör Wehdoog kunn he ober de Arm ni hochkriegen, un ick bün dor god wegkomen.

An den Dag weer mi ober klor, dat ick bi de erste Gelegenheit bi mien Bäcker in Sack hauen wull, ok wenn he verseuken sull, mi noch so veel Honnig üm Boort to smeern. Dorvun kunn mi alle Koken op de Welt ni afholen.

Een Witz, de keener weer

As Husdeener un Loopjung bi Bäcker Junge in de Feldstroot hett mi dat ni besonners gefullen, ober de beiden Gesellen, Hermann Stieper un Gustav Kehne, weern feine Kerls. Hermann hett mi immer besonners imponeert, wenn he mit sien Fohrrad Marke »Frischauf« mit Vorbaulenker anfohrt keem. He weer een echten Sozialdemokroot un is in de Arbeiterjugend groot wurn. De erste Mai weer dormols noch keen gesetzlichen Fierdag, ober de Meister hett Hermann an den Dag immer unbetohlt mit siene Sozis lopen loten.

Ick müß veel mit'n Rad op Kundschaft, ober wenn ick in de Backstuv Bleche putzte oder mit de Gesellen Brötchen opschürte, hebb wi ne lustige Tiet tosomen hatt. Dor kemen immer de Lieferanten, de de Mehl- un de Zuckersäck rinschleppten. De Hefe- un Eierkerl keem alle

Woch eenmol. Wi kennten se all un hebbt manchen Spooß mit se mokt.

Ick weet noch hüüt den Witz, den Hermann an een Dag in de Backstuv vertellte, as de Hefe-Lieferant wedder dor weer. Dat dreihte sick um den gerode passeerten Reichstagsbrand, wo se den Holländer van der Lubbe faßnohmen harrn. Poormol an Dag hörten wi in Radio dorvun.

Vörweg mutt ick noch vertellen, dat vör de Machtöbernohm vun de Nazis mol twee Mann een raffinierten Bankinbruch in Berlin mokt hebbt. De beiden hebbt in een Hus vun Keller ut een Tunnel ünner de Stroot buut un sünd op de anner Siet ünner de Bank wedder rutkomen. So sünd se ok mit de Million dörch den Tunnel wedder afhaut. Dat weern de Gebrüder Sass, un de weern dormols Tagesgespräch.

Hermann vertellte uns nu, dat van der Lubbe gor nich de Reichstagsbrandstifter wess is, denn se hebbt nu de Richtigen tofooten kregen. »Dat weern de Gebrüder Sass«, griente he uns an. De Lieferant weer ganz öberrascht un fröög, woher he dat denn wüß. »Jo«, segg Hermann, »denn bookstabeer ehr'n Nom man mol, den weetst dat ok.« Dorbi keem SA un SS rut.

De Lieferant verträck keene Miene, stünn op un haute af. Dormit harrn wi ni rekent. Wi hebbt erst später hört, dat he veel mit de Nazis to doon harr un uns dor anschwärzen kunn. Nu weern wi ok bi all de annern, de in de Backstuv rinkemen, mißtruisch, denn öber de Nazis Witze to moken, dat kunn dormols bös gefährlich, jo lebensgefährlich, warrn. So is uns vun den Dag an dat Lachen in de Backstuv vergohn.

De Leithammels

Oft denk ick noch doran, wo sprachlos un öberrascht de Menschen weern, as Hitler 1933 an de Macht keem. Ok doran, wo Lüüd, vun de ick dat ni dacht harr, sick öber Nacht verännert hebbt.

As Loopjung bi'n Bäcker keem ick in veele Hüüs, to Hauptsook ober in de fiene Gegend vun Düsternbrook. Öber de Lieferanteningänge oder direkt in de Villen hebb ick de Koken bröcht un fast alle Köökschen un Herrschaften kennten mi. Vun de Bäckersfru harr ick lernt, de Dokters- un Professorsfruns immer mit »Gnädige Frau« antoreden, womit ick keene Schwierigkeiten harr, denn dat bröch manchen Groschen Dringgeld extra. Also, ick weer öberall in de Hüüs fründlich empfangen, denn ick bröch wat, woöber de Lüüd sick freiten.

Dorüm kunn ick dat toerst ok ni verstohen, dat ick an eenige Dörn ni mehr so rinloten wur, as ick dat gewohnt weer, un meente, ick harr wat verkehrt mokt. Mi full ok op, dat Kunden, de sonst in' Loden kemen, sick jetzt ehre Backworen telefonisch bestellten.

Dat dat ok wat mit de Machtöbernohme vun de Nazis to doon harr, kunn ick mi dor noch ni denken, bit de Bäckersfru mi vertellte, worüm dat so weer. Se segg mi: »Loot di op keenen Fall wat anmarken, denn dat sünd unsere Kunden as alle andern Lüüd ok, ok wenn se Juden sünd.«

De meisten bleeben ober ni mehr lang unsere Kunden, denn immer mehr weern bald »mit unbekanntem Ziel verzogen«. Ick seh noch hüüt de verängstigten Gesichter vör mi, wenn se de Dör op mien Klingeln een Spalt opmoken un wohl erlichtert weern, dat dat nur de Bäckerjung weer.

An een poor Kunden erinnere ick mi noch ganz genau. Wo verängstigt weer doch dat ole Ehepoor ut de Bülowstroot, wenn ick an ehre Dör klingeln dee. Un de Fru vun Professor S. ut de Moltkestroot, den de NS-Studenten vun de Universität rünnerjogt hebbt, seh ick as hüüt in Loden stohen. Se weente, as se de Bäckersfru vun ehrn Mann vertellte. »Wat hebbt wi denn Schlechtes doon«, fröög se immer wedder, »dat mien Mann nich mehr an de Universität arbeiten dörf?« As denn Kundschaft keem, güng se still ut'n Loden.

To miene Kunden tellten ok de Bedeensteten vun de Nervenklinik vun Professor Siemmerling. Ick keem dor mit de Koken in fast alle Afdeelungen. Dat weer immer een Op- un Togeschloote achter mi ran, denn dat weer ne geschlossene Klinik. Lustig güng dat dor immer in de Plett- und Neihstuv to. Dat weer ne fidele Crew. De weern albern un utgelooten, un üm Politik hebbt de Fruns dorbin sick gor nich kümmert.

Ober schon een poor Wochen no den Regierungswechsel entpuppte sick eene öllere Fru as een fanatische Nazianhängerin un fohr jede öbert Muul, de annere Meenung as se weer. Se schnackte den ganzen Dag nur vun ehrn heißgeliebten Führer, den »de Vörsehung uns Dütschen schickt hett«. De Vorarbeiterin harr bald in de Neihstuv nix mehr to seggen, denn dat Kommando harr allmählich de Olle öbernohmen. Wenn ick mit miene Koken keem, müß ick mi nu ok bi ehr melden.

Jo, so weer dat gewiß ni bloots in de Plett- un Neihstuv vun Professor Siemmerling, sonnern överall in de Betriebe geef dat een Grootmuul mit een nüet Parteiafteeken, de nu plötzlich dat

Seggen harr. Un so bleev dat ni ut, dat dat Heer vun de Mitlööper immer grötter wur, denn nu leepen se all as de Schoop achter ehre bruune Leithammels achteran. Ober to meckern, as de Schoop dat mokt, wogte sick keener mehr.

Stopelloop

As in de 30er Johrn in Kiel wedder veel Kriegsscheep buut wurn, heff ick ne Lehrstell op Dütsche Werke in Kiel funnen. Dat weer 1934, as ick dor as Blechschlosser op de Werft anfungen kunn. In de Tied heff ick op den Krützer »Nürnberg«, op de »Blücher«, de »Gneisenau« un den Flugzeugträger »Graf Zeppelin« arbeidt. In de Blechbude – so nennten wi de groote Hall – hebbt wi de Möbel anfertigt un se dorno an Bord inbuut. Dat weern allns Möbel ut Aluminiumbleche.

Normolerwies wurn jo de Inrichtungen op Handelsscheep ut Holt oder verzinkte Bleche herstellt. Bi Kriegsschiff ober ni. Hüüt buut se de Scheep in Kiel all in Dröögdock, ober fröher wurn se op'n Helling buut. As Schippbuer op'n Helling to arbeiten weer gor nich so eenfach, denn dorop güng dat schreeg bargdol.

Wenn wi an Bord gohn sünd, kunn wi allns vergeeten, ober de Woterwoog müß immer dorbi sien. Wi müssen, bevör wi in de Kammern anfüngen, de Möbel intobuen, mit de Woterwoog immer ünner Deck gohn. Dor weer an eene Bordwand eene Lootstell. Wi müssen de Woterwoog an de Körnerpunkte anlegen, üm de Groodtal vun de Scheeflage aftolesen. No disse Groodtal müssen wi nu solang, bit dat Schipp vun'n Stopel leep, alle Möbel inbuen.

Dat weer för uns immer wedder een besonneres Erlebnis. Monatelang harrn wi de Möbel scheef inbuut un wenn man nu no den Stopelloop an' Umrüstungskai wedder an Bord keem, weer allns kerzengrode. Un wenn wi denn de Woterwoog an de Möbel anlegt harrn un faststellen kunnen, dat allns stimmte, dann weer de Freid groot.

Ni immer ober hett de Stopelloop so god klappt. De »Panzerkreuzer A«, de »Deutschland«, is 1931 int Woter rauscht, as de Reichskanzler Brüning noch an Schnacken weer un de Reichspräsident Hindenburg de Sektbuddel noch in de Hand harr. De »Gneisenau« kunn 1936 ni schnell genog stoppen un is vull mit den Steeven neben de Elisabethbrüch dicht bi de »Seeburg« in de Stroot rinrauscht. Weil Hitler sölben dormols dorbi weer, as dat passerte, hebbt se in de Zeitung nix öber dit Malheur schreven.

De interessanteste Stopelloop weer ober 1938 de vun den Flugzeugträger »Graf Zeppelin«. Dat weer een grootes Schipp, boben so platt as een Pannkoken. Dor sull eener klog ut warrn, wo de wohl utseh, wenn de fertig weer. Dat hett de ole Fru, de twischen all de neegierigen Lüüd an de Förde stünn, wohl ok dacht. An annern Morgen weer dat in een Blatt to lesen. Se hett bi'n Weggohn bloots den Kopp schüttelt un meente to den Zeitungsfritzen: »Ick kann mi ni vörstellen, dat dat Ding fleegen kann.«

Am Tag der Arbeit

De 1. Mai weer fröher keen betohlter Fierdag. De veelen Arbeitslosen harrn ober sowieso frie, un so marscheerten veele Arbeiter schon fröh los dörch de Stadt bit hin no'n Gewerkschaftshus.

Ut alle Stadtdeele kemen se. Ok ut'n Stinkviddel. Mit de Schallmeienkapelle vörweg sünd wi Kinner immer mitlopen. Dat weer een buntes Bild, wenn se noch dortwischen mit ehre geschmückten Fohrräder fohren. Dörch de Speichen harrn se rote Papierstriepen trocken, de sick bunt dreihten.

An den Dag speelte immer de Reichsbanner-Kapelle bi uns in' Stinkviddel. Ehr Stammplatz weer an Enn vun de Howaldtstroot vör den Westbohnhoff. Dor hebbt wi Kinner ok de olen Arbeiter- un Wanderleeder mit opschnappt, de wi später bi de Strandfohrten no Falkenstein op'n Damper un an Strand sungen hebbt.

1934 weer allns anders, denn nu weern de Nazis an de Macht un hebbt den Dag in »Tag der Arbeit« ümbenennt. Nu müssen alle »Werktätigen«, un dor hörte ick as Lehrling op Dütsche Werke mit to, dörch de Stadt mascheern. Denn nur wer mitmascheerte, bekeem den Dag betohlt. Dat weer also een betohlten Fierdag mit Oplogen, denn de ni mitmascheerten, harrn se as Querulanten glieks op'n Kieker.

Wi Lehrlinge harrn dormols ok noch immer veel »Kreihnschiet« in Kopp un hebbt op den Marsch vun Gaarden no'n Nordmarksportfeld ünnerwegs versöcht, uns to verdrücken. Ober twischen de Hüser mang de Ringstroot un den Königsweg wull de Meister uns ni rutloten. De letzte Chance weer in de »Strasse der SA«, so harrn de Nazis de Eckernförder Stroot ümbenannt. Dor hebbt wi uns denn eenzelt, dormit dat ni so dull opfull, sietwärts achter den Bohndamm in de Büsche haut und weern denn op de annere Siet bi de Gutenbargstroot wedder in uns Stinkviddel rutkomen.

Nu weern wi to Hus un kunnen moken, woto de Fule Lust hett, un bruken ni, as de veelen annern, twischen all de Hokenkrüzfohnen stohn un denn noch an Enn dat Horst-Wessel-Leed singen.

De Luftschutzkursus

As ick op Dütsche Werke Blechschlosser lernt heff, vertellte mi een Lehrkolleg, dat he to Danzschool güng. He meente, ick kunn doch mit em komen, denn bruuk he ni immer alleen no Hus gohn. Ick segg: »Dat geiht ni, mien Öllern lot mi abends ni ut'n Hus un to'n Danzen schon gor nich.«

Bi uns to Hus kennten wi dat ni anners, as dat uns Öllern öber allns Bescheed wussen, wat wi moken un wo wi an Dag oder obends geern hingohn wullen. För Kino kregen wi keen Geld un dat Danzen hebb se uns erst gor nich lernen looten. »Wenn ji erst danzen köönt, dann fangt ji ok bald dat Supen an«, dat weer immer Vadders Schnack.

»Denn geiht di dat jo genau so as mi«, beduerte mien Kolleg mi. »Mien Öllern sünd dor ok gegen. Deswegen heff ick ok nich seggt, dat ick to'n Danzen goh. Ick heff jem vertellt, ick mutt to'n Luftschutzkursus, den mütt nu alle Lehrlinge mitmoken. Dor kunnen se jo ni gegen sien.«

Dissen Trick wull ick ok probeern. Dat klappte wirklich as geschmeert, mien Öllern harrn dor nix gegen. »Dat mutt jo wohl sien«, segg Modder. So heff ick mi dann an annern Dag bi de Danzschool Rusch in de Karlstroot anmeld. Ick weer froh, dat mien Öllern nix markt harrn.

As dat dor endlich losgüng, meente Modder bloots, dat dat doch ni nödig dee, to ne Luftschutzübung mit Schlips un Krogen to gohn. »Solang wi nur Theorie mokt, sitt wi in een Lehrrum un mööt dorbi ordentlich utsehn«, heff ick mi rutredet. Mann, wat weer ick opgeregt, as de erste Danzstünn anfüng. De ole Rusch stünn mit ne Doom vör een Klavier un wies uns, wo wi dat moken müssen, een Dirn optofordern.

Opstohn, de ganze Reeh tosom, röbergohn no de Deerns un mit Afstand för se stohn blieben. Erst ankieken un denn een Diener moken. So güngen wi den ersten Dag, nur mit een Deern in Arm, in Sool rüm. Dat moken wi so lang, bit dat mit'n Opstohn, Röbergohn,

Ankieken un Diener moken richtig klappte.

Den Dag hebbt wi ober rümkreegen un de annern Daag füngen wi schon langsom an to danzen. Oh, wat weer ick stief, ober dat wur vun Dag to Dag beter. Gewöhnlich müß man jo to Musik singen, ober op de Danzschool ni. Ne, dor müß man tellen, wenigstens de erste Tiet. Immer wedder: »Eins, zwei, drei und vier, fünf, sechs, sieben und acht, Hacke, Spitze, eins, zwei, drei!« un denn immer in' Kreis rüm, bit wi dat kunnen.

Söß Wochen hett de Kursus duert un veel Spooß mokt. Walzer, Foxtrott, Tango un Englisch Waltz, dat all heff ick nu lernt, bloots wo sull ick danzen? Mien Öllern dörven dat op keen Fall weeten, dat ick nu danzen kunn.

Ober een Dag, as ick vun de Werft no Hus keem, weer dat passeert. Ick wuss gor nich, wat los weer. Mien Modder segg: »Du hest Post kregen.« Ick Post? Dat kunn ick nich begriepen. Dat weer dat erste Mol, dat ick Post kreeg, denn de weer doch sonst nur för mien Öllern. Wo sull ick Post herkriegen?

»Jo«, segg se, »dor is een Breef för di komen vun dien Luftschutzkursus. Du schass dor to'n Abtanzball komen.« »Abtanzball?« segg ick. Mi bleev bald de Spucke weg. Nu harr se dat doch rutfunnen. Ick heff dat ober trotzdem ni bereut, dat ick de Danzschool mokt hebb, ok wenn mi nu deshalb noch een besünneren »Danz« mit Vadder bevorstünn.

Hans Meier

Dor miene Öllern to eene evangelische Freikirche hörten, bün ick dor konfirmiert wurn un weer in den Jugendkreis. In dissen Jugendkreis keem een jungen Mann, Hans Meier, vun Nienburg no Kiel. He wohnte bi een Gemeindemitglied to Ünnermiete. Dat weer uns Tante Adler, de mit mien Öllern befründet weer.

De junge Mann weer alleenstohend un föhlte sick wohl ünner uns jung Lüüd. Ick harr mi bald mit em anfründet. He harr sien Arbeitsstell an Exerzierplatz. Dor dreeg he Lesemappen bi Jantzen ut. Dat weer keene lichte Arbeit, jeden Dag mit de schwoore Koor dörch de Stadt to schuben.

Siene Wirtin weer ne feine Fru. Se weer för Hans as'n Modder, hett em de Wäsche mokt un sien Tüch in Ordnung holen, un god to eten kreeg he bi ehr ok. He harr ne gemütliche Stuv, in de wi manch schöne Stünn verleevt hebbt.

All in uns Kirchengemeinde mochen Hans Meier geern lieden. Wi hebbt veele schöne Touren in de Probstei tosomen mokt.

Dat hett sick ober schlagartig ännert, as rutkeem, dat Hans Jude weer.

Siet den Dag weer he alleen. Eene ut uns Kark keem ganz opgeregt no mi hin un fröög mi, ob ick ni noch een Bild in mien Album harr, wo se in de Grupp neben Hans Meier stünn, ick sull dat doch rutnehmen. Dat Bild heff ick hüüt noch in mien Album.

Ick weet ni, wo ick dat mokt heff, dat ick bi em bleeben bün. Ick heff em ni froogt, ob dat stimmte, un he hett mi ni seggt, dat dat wohr is. Wi wussen ober beide, ohne dat wi uns dat segg hebbt, dat dat stimmte.

Wi weern nu meistens alleen. Ick segg: »Du, Hans, wenn de annern keene Lust mehr hebbt, mit uns tosomen to sien, denn loot se. Wi loopt se ni no.«

Mit de Tiet weer dat ober immer brenzlicher. De Huswirt vun Tante Adler wull keene Juden in sien Hus hebben. He verlangte, se sull sick so schnell as möglich vun Hans trennen. Wi hebbt ni lang rümschnackt. Ick fröög em: »Hans, wat meenst, wenn ick di een anner Zimmer besorg? Lot mi dat man mol verseuken.« »Jo, wenn du denkst«, segg Hans.

Ick bün mit'n Rad losföhrt un heff wohrhaftig een Zimmer funnen. Ick güng an annern Dag mit Hans dorhin. As de Fru Hans seh, weer se glieks inverstohn. Dat weer een lüttes Hus in de Kloosterstroot in Ellerbek. Hans harr boben een Zimmer mit eegenem Ingang. Wi hebbt mit de Wirtin tosomen ne feine Inwiehungsfier hatt. So lang Hans dor wohnt hett, bün ick veel bi em weesen. To Kark sünd wi ni mehr oft hingohn.

Nu wur de politische Loog immer kritischer. Dat güng op'n Krieg to. An letzten Dag vör'n Kriegsutbruch hebbt wi an Nomiddag Hans siene Schoh no'n Schoster bröcht un sünd obends in dat Bohnhofsrestaurant gohn. Dor kunn man so schön sitten un dor kennte een ok ni jeder.

Wi hebbt as immer dat obligate Fröhstück to ne Mark bestellt. Dat geef dat eegentlich nur morgens, ober de Ober kennte uns schon, un so bröch he uns unsern Kaffee mit twee Brötchen, een Ei un Marmelod un Honig.

Wi wussen ni, dat dat de letzte Dag weer, wo wi uns sehen deen.

In de Nacht weer de Krieg utbroken. Ick wull

mi an annern Morgen mit Hans dropen, ober mien Hans weer ni dor. Ick heff noch ni op em töven müß un harr een komisches Geföhl. No Jantzen much ick ni hingohn un frogen. Dor heff ick mi op Rad sett un bün no Ellerbek föhrt. Ick weer op allns gefasst, ober wat ick dor beleevt heff, weer för mi toveel. Ick heff an ganzen Liev zittert.

As ick anklopp, güng de Dör sparangelwiet op. De ganzen Kommodenschuufloden weern rut un allns leeg op'n Fotböhn. Twee SS-Lüüd stünn dortwischen un achter se stünn Hans siene Wirtin un keek mi ganz verstört an.

»Sind Sie Blomberg?« schriet de eene Kerl mi an. Ick segg: »Ja.«

»Sie gehören doch auch zu der Kirche, zu der Meier geht?« Ick segg: »Ja.«

»Sie wissen doch, daß Meier Jude ist!« »Ich habe gehört, er soll Halbjude sein«, segg ick, »aber das glaube ich nicht.«

»Meier ist Volljude!« reep he.

»Sie arbeiten doch in einem Rüstungsbetrieb?« »Ja«, segg ick.

»Sie bekommen von uns zu hören«, un denn knallte he de Dör vör mi dicht.

Hans is in't Gefängnis in de Bloomstroot komen. Vun dor hett he an den Paster un an mi schreben. Ick heff vun den Breef an mi erst to weeten kregen, as ick 1948 ut russische Gefangenschaft no Hus keem. Mien Modder wull mi ni in Gefohr bring un hett em beholen.

Paster Müller is op den Breef, den he kregen harr, hingohn un kunn mit Hans schnacken. Dat weer dat letzte Mol, dat he em sehen harr. No'n Vierteljohr bekeem de Paster Bescheed, dat Hans Meier sick ophung harr, un se frögen an, op de Kark de Urne hebben wull. Paster Müller hett dat aflehnt un hett seggt: »Wenn se uns Hans Meier ni hebbt lebend geben kunnen, de Urne wüllt wi ok ni hebben.«

Ick heff Hans Meier kennlernt un wuss, wo he as getaufter Jude to't Leben stünn. Dorüm meen ick, dat de Paster dat richtig mokt hett, denn Hans hett sick niemols ophungen. He hett den Weg gohn müss, wo dat keen Torüch mehr geef.

Un wi, de in disse Tiet leevt hebbt, mütt uns frogen loten, op wi ut Angst oder ut Verblendung an disse Menschen, as Hans Meier eener weer, vörbilopen sünd. Denn wi weern doch Christen un keene Nazis – oder weern wi dat doch?

De schönste Wiehnachtsbescherung

As ick im September 1940 to Wehrmacht introkken wur, harr ick noch ni dacht, dat dit dat erste Johr in mien Leben sien sull, wo ick Wiehnachten ni bi miene Öllern un Geschwister to Hus fiern kunn. Ick weer as »Ersatzreserve 2« mustert wurn un weer nu de Meenung, dat se an mi ni lang Gefallen hebben kunnt un mi bi de nächste Gelegenheet wedder no Hus schickten. Dat hebbt se ober ni mokt.

Ick heff dormols glöövt, dat se uns vun Flensburg no Kiel doch wenigstens to Wiehnachen no Hus fohren leeten. Jo, dat hebbt se to'n Deel ok mokt, ober dat weer mit so'n poor Oplogen verbunden. Wer op den Scheetstand bi'n Schiebenscheeten tümlich dicht an de twölf rankeem, de weer as Wiehnachtsurlauber dorbi.

Eegentlich müß man mi jo ok fohren looten, denn dree Fohrkorten harr ick in eene Serie schooten. Ober ne, ick müß mit een poor annere tosomen nu lernen, wo man, üm god to scheeten, den Gewehrkolben »saugend und schraubend« umfasst.

Ober ick mutt seggen, wi hebbt an Heilig Obend in de Kasern dat Beste dorut mokt. Ut de Kantin hebbt wi rieklich Rotwienpunsch kregen, vun den man ober ni besopen wur, sonnern nur wiet kieken kunn. De een harr een Quetschkassen un een anner speelte op siene Mundharmonika. Een anner danzte op'n Disch un wi hebbt fröhlich dorto sungen un klatscht.

Op eenmol keem de Ünneroffizier rin. Eener vun uns mok eene zackige Meldung. »Rührt Euch«, segg he, dann fröög he uns, of wi ni Lust harrn, mit em ut de Kasern ruttogohen un op de Stroot een poor Wiehnachtsleder to singen. Op de anner Strootensied buuten wi uns in Halbkreis op un füngen ünner siene Regie an to singen. »Stille Nacht«, »Oh Tannenbaum« un all de annern schöne Wiehnachtsleder hebbt wi sungen.

Immer mehr Lüüd kemen still ut de Husdör rut un weern ergriffen, denn manch eener harr jo ok Vadder, Söhn oder Mann buten an de Front. Disse Wiehnachen hebbt mi bewegt, un ick heff an miene Öllern in Kiel dacht un an miene beiden Bröder, de as Soldat den Dag irgendwo fiern müssen. De Lüüd ut de verdunkelten Hüser sünd dorno still wedder no Hus gohn un meenten, dat unser Singen för se de schönste Wiehnachtsbescherung weesen is.

Dat Sonderkommando

1940 keem ick no Hamburg in een Marschbataillon. Wi legen in de Kasern un töven op den Befehl, mit de Bohn no Rußland verloden to warrn. Dree Wochen hett dat manchmol duert, bit dat endlich losgüng.

Dormit de Soldaten ober in de Twischentiet ni in de Kasern rümgammelten, wurn se to verschiedene Kommandos indeelt. Manche Grupp müß no'n Hamburger Haven, üm bi'n Schipplöschen to hölpen. Annere wurn in de Stadt to'n Oprühm no een Fleegerangriff indeelt. Se hebbt ober keen vörher seggt, wo dat hingüng.

Wi wussen vun Vertellen, dat dat ok ümstrittene Kommandos geef, woto se möglichst nur Friewillige bruken, de god scheeten kunnen. Dor wurn veer Gewehre lod, dorvun een mit ne Platzpatron. Se sullen een Fahnenflüchtigen dotscheeten, ober ni weeten, wer dat doon hett.

An een Obend wurn wi mit ne lütte Grupp in Hamburg insett. Uns Gruppenführer weer een Feldwebel. Jeder müß sien Gewehr dorbi hebben. Wi sullen een Gebäude, wat op een Krankenhusgelände leeg, bewachen. Üm dat Hus rüm wur in Afstand vun eenunhalf Meter noch een Stacheldrahttuun trocken. De Fenster weern tosetzlich all vergittert.

In een lütt Hus op dat Gelände weer dat Wachlokal. Dor hett uns de Feldwebel erstmol vergattert. Wi harrn keene Ohnung, üm wat sick dat hier in' Krankenhus dreihte. Wi müssen ne half Stünn alleen mit een gelodenen Gewehr op'n Ast üm dat Gebäude rümpatrolleern un wurn denn aflöst.

Wenn ni een ingesparter Landser versöcht harr, mit mi to schnacken, weer dat för mi ne langwielige Nacht wurn. As ick miene ersten Runden dreihte, keek he dörch dat Fenster no mi röber, as wenn he mi wat frogen wull, ober sick ni recht trute. As ick na ne Paus mol wedder een Komerod vun uns aflösen müß un üm dat Hus güng, fung he vörsichtig an, mi antoschnacken. Dat weer streng verboten, un so kunn ick disse Ünnerhollung mit em immer nur kott in langsom Vörbigohn moken, üm ni optofallen.

Ick fröög em, wat he denn utfreten harr. »Ick

weer Kommunist«, segg he, »un sull bi de Wiehnachtsfier in de Kasern ›Rot Front‹ ropen hebben. Ick weer ober so besopen, dat ick dat ni mehr weet.« Dor dat in Hamburg veel Fleegeralarm geef, meente he, dat he hier tiemlich sicher seet, denn de Tommy greep keene Krankenhüser an, sonnern nur Kasern.

As ick no ne Tied mol wedder an sien Fenster vörbikeem, fröög he mi, of ick ni ne Zigarett för em harr. Ick segg: »Un wenn ick eene heff, wo sall ick de denn no di röberkriegen? Wi sünd doch eenunhalf Meter utenanner.« He meente bloots, wenn ick nochmol bi em vörbi keem, kunn dat wat warrn.

Wat sall ick veel schnacken. He harr een schmoles Brett, wat he no mi röberlangte. Dormit angelte he sick de Zigarett, de ick dorop legte, no sick röber. Ober ick glööv, he hett dat ni dat erste Mol mokt, denn dat weer gor nich so eenfach för em, dat Brett dörch dat Fenster röbertotrecken, ohne dorbi to zittern.

Een poor Daag later keem de Marschbefehl no Rußland. Ick weer froh, dat ick in de Tiet in Hamburg keen Kommando kregen harr, wo ick op annere Menschen scheeten müß, sonnern dat ick een Landser in Knast een beten hölpen kunn un em wat to schmöken geben kunn.

Urlaub in' Schatten

As ick mi im Mittelabschnitt vör Moskau de Feut verfroren harr, keem ick no Dütschland in't Lazarett. Dorno kunn ick för fief Wochen op Heimaturlaub no Kiel fohren. Ick harr mi dat in de Isenbohn gemütlich mokt. Ick seet alleen in een Afdeel un keek ut'n Fenster. Op eenmol mokt eener de Afdeeldör op un segg ganz forsch: »Ist hier noch Platz?« Ick segg: »Hier ni, nebenan villicht« un dreih mit to em rüm. Dor seh ick den Kerl erst. He harr de halve Boss vull Orden un vun sien Schullern hangen noch twee Affenschaukeln. »Wie reden Sie mit einem Vorgesetzten«, wies he mi torecht, »geben Sie mal Ihr Soldbuch her.« Ick segg: »Ihrs auch, bitte.« Dor weer dat een Feldwebel ut'n Reichsluftfahrtministerium.

As ick schon wedder veertein Daag bi de Ersatztruppe weer, harr ick an den Feldwebel gor ni mehr dacht. Wi müssen jeden Morgen to'n

Appell antreten un de Spieß röp dorbi ok de nüen Fronturlauber op. Ick dach: »Dat geiht mi nix an, ick heff mien Urlaub jo schon weg.«

As he all Urlauber opropen harr, segg de Spieß to mi: »Und Sie, Oberschütze Blomberg, melden sich morgen früh um acht Uhr bei der Abteilung zum Rapport. Sie bekommen nochmal Urlaub, aber Urlaub im Schatten.«

Oha, ick ohnte nix Godes. As ick an annern Dag pünktlich Klock acht to'n Rapport keem, empfüng mi een Ünneroffizier. He bröch mi to sien Vörgesetzten. Dat weer een Oberst, vör den ick zackig Meldung mok.

He seet vör sien Schrievdisch. He weer een ölleren Johrgang, den se an de Front wohl ni mehr bruken kunnen. Nu harr he de Opgoof, mi in Knast to schicken. He keek sick miene Papiere an un nehm dann langsam den Kopp hoch un fröög ganz truschullig: »Was haben wir denn da gemacht? So etwas tut ein deutscher Soldat doch nicht. Und dann Ihr Soldbuch. Wie sieht das bloß aus? Das Soldbuch ist doch die Visitenkarte des Soldaten!« Ick segg: »Herr Oberst, ick heff in Rußland den Vörmarsch bit vör Moskau mitmokt. Wi hebbt Dag un Nacht in Dreck legen, bit de Rückzug keem. Dor harrn wi wat anners to doon, as op unse Soldböker optopassen.«

»Das ist auch wahr«, segg de Oberst, »das konnte der Herr von den Fliegern ja nicht wissen. Ich sehe von einer Bestrafung durch meine Abteilung ab und lasse Sie durch die Kompanie bestrafen. Das wird dann nicht so schlimm.«

Weer ick doch bloots vun den gemütlichen Oberst bestrooft wurn, dach ick, as ick an annern Dag no den Kompaniechef müß. Ich wuss, wat dat för een Kerl weer. Feldmarschmässig mit blankgeputzten Knobelbeeker keem ick rin. Twee Fingerbreet af vun Koppelschloss op jede Siet weern de Patrontaschen un op'n Rüch baumelte noch de »Botanisierdos« mit de Gasmask dorbin. Ober ick ahnte schon, dat dat hier anners afleep as bi den fründlichen Oberst.

De Kompaniechef weer noch een ganz jungen Spund. An siene Dör harr he groot anstohn: »Gehe nicht zu Deinem Fürst, wenn Du nicht gerufen wirst.« He hett ni lang fackelt un mi to tein Daag geschärften Arrest verurdeelt wegen »undiszipliniertem Verhalten und Schädigung des Ansehens der Wehrmacht.«

So hebb ick ne Fohrkort kregen un müß no Hamm in Westfalen fohren. Dor sull ick in de Heeresarrestanstalt mien »Urlaub im Schatten« verbringen. Aber dat is al wedder een anner Geschicht.

Im Knast

Dor stünn ick nu in de Wachstuv. As so'n Sack Kartüffeln harr een Ünneroffizier mi in de Heeresarrestanstalt in Hamm afleefert. Een Feldwebel nehm mi in Empfang. He harr keene Teen mehr in't Muul, bloots noch een poor Stumpen, un seh ut as so'n Bulldog. Bevör ick wat seggen kunn, schree he mi an: »Was stehen Sie hier rum? Ausziehen!« As ick mien Jack un Büx ut harr, reep he: »Ganz ausziehen!«

In Loopschritt müß ick dann de Trepp rop. »Zelle 7!« weer he wedder am Brüllen. Splitternokt stünn ick in de Zell un wuss ni, wo dat nu wiedergohn sull. Dor mokt eener de Dör op un schmitt miene Klamotten rin. Ick güng glieks dorbi un tröck mi wedder an. Ut miene Taschen harrn se allns rutholt. Bloots een Penn harr sick in eene Eck verkropen. De Büx harr keen Gürtel mehr un miene Schoh keene Schnöörbänder. De harrn wohl Angst, dat man sick dormit ophangen kunn.

In de Zell weer ne Pritsch. De harr een Koppkeil, dat weer ober ok ut Holt. In de Eck stünn een Nachtpott. Dat weer all. Op eenmol reet eener de Dör op un schmitt in hohen Bogen wat in miene Zell. Dat weer de Brootutgabe. Nu wuss ick, dat ick oppassen müß, dat Broot to fangen, üm den Kanten ni an' Kopp to kriegen.

Op den Gang güng allns nur in Loopschritt. Morgens müß eener no 'n annern rutlopen un sien Nachtpott wegbringen. Denn güng dat glieks wieder mit Fröhsport op'n Hoff. Kniebeugen, Lopen, Springen un dat immer wedder vun vörn. Dat erste Mol wur mi glieks schwatt vör Oogen un denn bün ick tosomenklappt. Twee Mann hebb mi an de Siet bröcht un denn kreeg ick een Eemer Woter öber'n Kopp. As ick wedder to mi keem un dach: »Nu kann ick wedder trüch in de Zell« schree de Feldwebel mi an: »Los, weitermachen!«

Manchmol bekeem ick ok »Beseuk«. Denn müß ick ne zackige Meldung moken un dorbi solang strammstohen, bit he wedder buten weer. »Oberschütze Blomberg, bestraft zu zehn Tagen geschärften Arrest wegen undisziplinierten Verhaltens einem Vorgesetzten gegenüber und

Schädigung des Ansehens der Wehrmacht« weer immer de Vers, den ick opseggen müß.

Dat Schlimmste in Knast weer, dat ick vör Langewiel in de Zell ni wuss, wat ick moken sull. So heff ick den Peen nohmen un vun dat hölterne Koppkeil rünnerrollen loten. Ick bün schnell üm de Pritsch rümrennt un heff versöcht, em op de anner Siet wedder optofangen. So güng wenigstens de Tied een beten rüm. Dorbi heff ick immer an den Spruch denken müss: »Wer den Pfennig nicht ehrt, ist des Talers nicht wert.«

No tein Daag keem ick wedder rut. As ick to'n Bohnhoff güng, lepen mi twee Feldjäger öbern Weg. De harrn jeder dat groote Schild mit den Adler op de Boss rünnerhangen, dorüm wurn se ok »Kettenhunde« nennt. »Sie haben wohl lange nicht im Knast gesessen?« brüllte de eene mi glieks an. »In dieser Garnissonsstadt wird auf der rechten Straßenseite gegangen.« Dor heff ick tosehn, dat ick schnell op de anner Siet un denn wegkeem, denn noch länger mit mien Penn speelen müssen, dat wull ick ni.

Op'n Horchposten

»Wer das Weiße im Auge des Feindes gesehen hat, der ist ein tapferer Nahkämpfer« so hett een Kriegsreporter mol in een Blatt schreeben. Ick dach: »Du kannst god schnacken, du bist jo wiet, vun'n Schuß.« Mi hett dat jedenfalls gor ni gefullen, as ick an de Front dat Witte in de Oogen vun een Russ sehen hebb.

Dat weer dormols op'n Rückzug, as wi all unsre Lastwogens torüchlooten müssen un dorno de Infanterie ünnerstellt wurn. Wi legen an Ladogasee, as wi bi Emga eene Kompanie aflösen sullen. Dat weer een Sumpfgebiet, wo dat keene Schützengroben geef. Twischen unsere un de russische Stellung weer een Horchpostenstand. Un as dat Pech dat wull, sull ick den Horchposten aflösen. »So'n Schiet«, dach ick bi mi, »dat is dat reinste Himmelfohrtskommando!«

Een Ünneroffizier bröch mi mitten in de Nacht dorhin, wull ober glieks wedder mit den annern afhauen, de heilfroh weer, endlich aflöst to warrn. Eegentlich müssen op'n Horchposten immer twee Mann sien. Dat weer »Führerbefehl«, denn de Russ hett manchen Landser, de alleen op Posten inschlopen is, een Sack öber'n Kopp trocken un is mit em afhaut. Un so segg de Ünneroffizier mi noch, he wür glieks wedderkomen un Bornegg mitbringen. Dat weer een Ostpreuße vun letzten Nachschub, gerode 18 Johr olt. »Oha«, dach ick, »wat sull ick mit son'n Jung hier vörn anfangen?«

Vör den Ünnerstand weer in Afstand vun tein Meter een »Spanischer Reiter« opstellt, dat weer so een Stacheldrohthindernis, üm ni öberrascht to warn. Vör mien Lock harr ick as Splitterschutz noch ne dicke Isenbohnbohle liggen. Dorop leeg ick mien dörchgelodenes Gewehr, dorneben miene 08-Pistol un eene Eierhandgranate mit ruthängende Abzugsschnur. Nu föhl ick mi al beter. Ick heff mien Piep ansteken un denn ümdreiht, dormit de Glut ni to sehen weer.

No ne lange Tiet höör ick op eenmol wat schnacken un dach: »Dat ward ok Tiet, dat Bornegg nu kümmt!« As wedder eene Lüchtkugel hochgüng, kunn ick sehen, dat dor eener in mien »Spanischen Reiter« fasthung un bös an Schimpen weer. Mi fohr de Schreck in de Knokken, as ick mark, dat dat keen Ostpreußisch weer, sondern Russisch.

Ick dach: »Nix as rut ut dat Lock!« Ick treck de Eierhandgranate af un schmiet se röber no den »Spanischen Reiter«. Dat geef een Knall, un de Dreck flöög bit mi röber. De Russ schree lut: »Stalin kaputt, Stalin kaputt!« un harr beide Hannen hoch. »Ruke wer!« reep ick, »Ruke wer!«, wat soveel as »Hände hoch!« heeten sull. »Da, da«, segg he un keem üm den »Spanischen Reiter« no mi röber.

Mien Knee heff ick ganz fast tosomendrückt, dormit he ni markte, dat ick an ganzen Lief zitterte. »Pistol?« fröög ick. »Da, da«, nickte he, un ick nehm em de Waffe ut sicne Pistolentasch. »Weuna kaputt, Weuna kaputt, Stalin kaputt«, segg he immer wedder.

Ick wuss ni, of dat ne Falle weer un villicht plötzlich een russische Spähtrupp achteran keem. So bün ick mit em no achtern lopen, he immer vör mi. »Dawei idi, schneller, schneller«, reep ick dorbi immer. Wenn wedder ne Lüchtkugel hochgüng, heff ick em an Arm rünnertrocken un »Malenki, malenki!« to em segg, denn dat heet

»Klein machen!«. So sünd wi bit to'n Kompanieünnerstand komen.

De Dör vun den Ünnerstand weer een Sackvörhang. Dor heff ick den Russen dörchschoben. Bin' legen se all op ehre Pritschen. As de geölten Blitze sünd se opsprungen, as plötzlich de Russ rinkeem. »Gefreiter Blomberg zurück mit einem Gefangenen«, heff ick mi bi mien Leutnant melld.

As de Gefangene sien Mantel uttrocken harr, kunnen wi sehen, dat he een russischen Leutnant un Bataillonsadjutant weer. An siene Uniformjack harr he eenige Orden hangen. He wull mi een geben, ick wull em ober ni hebben. He meente, ick sull em nehmen. Dat weer een Orden för tapfere Stalingradkämpfer. Bit to'n 8. Mai 1945 heff ick em beholen. Bevör ick in Gefangenschaft keem, heff ick em in hohen Bogen in Sumpf schmeten.

Ick heff all manchmol dacht, wat wohl ut den russischen Leutnant wurn is. Wi hebbt uns in Krieg mitten twischen de russischen un de dütschen Truppen dropen. Ick harr Glück un heff em gefangennomen, ober eegentlich wullen wi beide uns nix doon. Wi hebbt beide nur hofft, dat de Krieg bald to Enn güng un dat wi vörher ni noch wat afkregen. Uns Leutnant müß mien

Gefangenen no achtern afgeben, un he is in een groot Gefangenenloger komen. Ick weet hüüt, dat nur wenige Russen dat överleevt hebbt, ober ick hoff trotzdem, dat he no'n Krieg wedder trüch in siene Heimat komen is.

De 8. Mai 1945

Öber 50 Johr is dat nu al her, dat de Dütsche Wehrmacht an alle Fronten kapituleert hett; dat heet, ne Front geef dat all gor nich mehr. All leepen se üm ehr Leben, denn keener wull an Enn vun dissen sinnlosen Krieg toletzt noch in't Gras bieten.

Ick leeg to de Tiet wiet weg vun de Frontlinie, boben bi Riga in Kurland. De Russ weer an uns vörbi dörch ganz Ostpreußen mascheert un stünn al vör Berlin. Uns harr he inkeetelt un wull uns dor boben in Lettland uthungern loten. Keene Post keem mehr vun to Hus, keen Nachschub mehr ut de Heimat. Immer wedder greep de Russ ringsüm vun den Keetel an. Wi wurn vun eene Eck, wo he dörchbroken weer, no ne anner jogt. Trüch dörvten wi ni, denn achter uns weer glieks de Ostsee.

Wenn wi trüch müssen, hebbt wi, wenn dat

noch güng, unsre Doden mitnohmen un se achter beerdigt. Dat weer al Routinearbeit. Lock utschüffeln, in de Zeltbohn legen, an de Ecken anfoten un denn rünner. Boben op dat Graff noch ne leere Buddel mit sien Adress ut'n Soldbook bin' un twee Birkenäste as Krütz dorop, un denn müssen wi al wedder wieder.

Ut unsre Plünn weern wi al een halv Johr ni mehr richtig rutkomen. Mit immer weniger Lüüd müssen wi de Stellungen holen. Acht Stünn un mehr stünnen wi ohn Aflösung in den Granotwerferhagel.

De Kamerodschaft güng immer mehr in de Binsen. Mit keen kunnst mehr richtig schnakken, mit mi ok ni. To veel harrn wi all mitmokt, un keener wuss, wo dat bi em to Hus utseh. De Ami sull al an de Elv stohn, hebbt wi hört. As 'n Erlösung, de sick ober keener anmarken leet, keem de Nohricht, dat »de Führer vörn an de Front bi siene Soldoten in den Abwehrkampf fullen is« un Dönitz to sien Nohfolger mokt harr. Hüüt weet wi ober, wo feige de Verbreekers sick all mit ehre Zyankalikapseln ut ehre Verantwortung trocken hebbt.

Nu güng dat ganz schnell. De Russ schmeet Flugblätter af, mit Passierschiene to'n Överloopen, ober dat weer gefährlich för uns, denn de

Heeresführung in Kurland weer noch vull in Takt.

Wi leegen 1,5 km achter de Front mit unsre Sturmgeschütze in Alarmstellung. Intwischen keem de Waffenstillstand, un wi hebbt uns wittes Tüch för de Fohn besorgt, de wi hissen wullen, wenn de Russ keem.

Een Dag vör de Kapitulation, bi'n letzten Appell achter ne tweischotene Schüün, geef dat noch mol ne groote Opregung, denn twee Obergefreite stünnen in de Reeh vör unsern Leutnant ohn Rangafteeken, Schullerklappen un Reichsadler. De harrn se afschneeden. As de Leutnant se anschree, seggen se nur: »De Führer is dod, un de Krieg is ut.« De Leutnant wull se as Fohnflüchtige bi'n Stab melden, ober dat is dor wohl ni mehr ankomen, denn dat weer de letzte Dag, wo wi em lebend sehen hebbt.

Vun vörn kemen eenzelne Landser ut'n Groben, üm Brot to holen un vertellten, dat een poor vun se al dröben bi den Russ in Groben weern. De harrn Wodka un Marhorka kregen. »De Russen sünd dröben bös an Singen un Supen«, vertellten se, »un hebbt no uns röberwunken, dat wi hinkomen sullen.«

Üm Klock twee weer de Krieg ut. Op de Minut füng dröben een groot Füerwark an. De

Russ hett wohl allns hochballert, wat he an rote, blaue, gröne und witte Raketen harr.

As de Russ keem, hebbt wi uns Kompanie an em övergeben. Nu mussen wi to een grooten Sammelplatz marscheern. Ob den Weg dorhin funnen wi unsern Leutnant. He leeg dod in Grooben. De russische Major harr uns erlaubt, em to begrooben. Op'n lütten Wall hebbt wi em beerdigt un denn güng unsere Marsch in Gefangenschaft wieder.

Dat weer genau am 8. Mai för ober 50 Johr, un an dissen Dag weer dat »Dusendjährige Reich« no twölf Johren endlich to Enn gohn.

De Hiwis

Ick will mol vun Menschen vertellen, mit de wi in Rußland an de Front to doon harrn. Jo, ni bloots to doon, sonnern johrelang mit tosomen leevt hebbt. Dat weern russische Kriegsgefangene. Se harrn dat »Glück«, ni, as de groote Masse, in de berüchtigten Sammellogers ünnerbrocht to warrn.

Disse Lüüd harrn sick unsere Kompanieführer glieks no ehre Gefangennohme rutangelt un se no ehre Fähigkeeten in de Kompanie insett.

De Feldkök weer Dag un Nacht in de Gang un hett veel Holt verpulvert. In Holtseegen un Kleenhacken weern de Russen Spitze. Ober ok Schniedern un Schostern kunnen se hervorrogend. So harr jede Kompanie ehre »russischen Hilfswilligen«, de vun uns nur »Hiwis« nennt wurn.

To Anfang harrn se noch ehre russische Uniform an, ober mit de Tiet weern dat nur noch Plünn. So leepen se bald genau as wi in Feldgrau rüm un moken ehre Arbeit in de Hoffnung, dat nu de Krieg bald ut weer.

Ober dat weer een Trugschluß. No den Vörmarsch bit no Moskau keem de Rückzug. Wi wurn in Kurland inkeetelt, bit de Krieg to Enn weer. An 8. Mai 1945 marscheerten wi tosomen mit unsre Hiwis in russische Gefangenschaft.

Vör de Hiwis weer dat nu bös gefährlich. Immer wedder hebb de Russen versöcht, se ruttosorteern un aftotransporteern. »Ruski Soldat, Ruski Soldat«, reepen se, wenn se meenten, dat se een funnen harrn. Wo dat komen is, dat se mi ok mol op'n Kieker harrn, weet ick ni. »Hau af, scheet in Wind un lot mi tofreeden«, schree ick. Dor marken se, dat se mit mi nix anfangen kunnen, un ick weer se wedder los.

Uns deen unsere Hiwis, mit de wi johrelang tosomen leevt hebbt, leed. Wi hebbt se bi'n Marscheern in uns Kollonne immer verdeelt in de Mitt gohn loten, ober holpen hett dat ni veel. Manch een hebbt de russischen Soldaten rutangelt.

Eenige Hiwis hebbt al god Dütsch sproken. Ick denk an een Ukrainer. He harr hellere Hoor un seh würklich ni as een Russ ut. Wi beide gün-

gen bi'n Marscheern meist tosomen in de Mitt.
He harr groote Angst, dat se em rutholten. Veel
un lut spreeken dörven wi bi'n Gohn ni. Ick
markte ober, dat he wat op'n Harten harr. He
keek mi een poormol vun de Siet an. »Hein«, segg
he lies, »nenn mich bitte nicht mehr Iwanov, son-
dern Fritz. Ich bin Fritz Grün und komme aus
Frankfurt.« Wi hebbt uns dorbi lang in de Oogen
keken un wussen beide, dat weer mehr as veele
Wöör.

An annern Dag sünd wi uteenanner komen,
un ick heff ni wedder wat vun em hört. Ober
noch hüüt, no öber 50 Johr, fallt mi dat schwoor,
wenn ick bi'n Schrieben vun disse Geschicht do-
röber nachdenk, wat wohl ut em wurn is.

Wiehnachten in Riga

Dat weer im Johr 1945. De Krieg weer al öber een halves Johr to Enn. Ick keem dor in Kaiserwald mit öber 1000 Mann tosomen in een groot Gefangenenloger. Morgens fröh marscheerten wi wohl söß bit acht Kilometer no'n E-Werk an Haven, wo een groot Getreidespeicher weer. De Arbeit weer dor schwoor, ober alle reeten sick dorüm, üm mit indeelt to warrn, denn dor geef dat immer wat to organisieren.

Wi müssen in den Speicher mit breede Holtschüffeln dat Getreide ümschüffeln, weil de Elevatoren alle twei weern. Kott vör Fierobend hebbt wi uns Getreide boben in de Büxen kippt. De Büxenbeen harrn wi ünnen dichtbunnen. So marscheerten wi dormit obends in't Loger. Dat hebbt wi, solang as wi den Job harrn, jeden Dag so mokt, denn vun de Wotersupp, de wi in Loger kregen, kunn keener satt warrn.

Ober wat sull de Russ dormols moken. He harr för siene Lüüd no den Krieg sülben knapp wat to Eten. Nu keemen wi Dütschen as Gefangene dor ok noch all to, de he vun dat beten, wat he harr, mit satt moken müß. So hett jeder so god as he dat kunn, versöcht, op siene Wies langtokomen.

In Loger hebbt de Kranken, de ni to Arbeit rut bruken, uns dat Korn, wat wi mitbröchten, breetquetscht un dicken Brie dorvun kokt. Se hebbt denn dat Halbe dorvun afkregen. So hebbt de Kranken de Gesunden un de Gesunden de Kranken holpen.

Ober an Heilig Obend, dor hebbt wi al den ganzen Dag an to Hus dacht. As wi obends in Düstern wedder no'n Loger marscheerten, dor füngen unsre Oogen an to glänzen, denn an jedes lütte Hus, wo wi achter de Gardinen een brennenden Wiehnachtsboom sehen deen, hebbt wi wedder an de Heimat dacht, un manch een hartgesottenen Landser kullerte dorbi een Tron langsam de Backen dol. Jeder dach doran, wat jetzt Modder un Vadder un de Kinner to Hus moken, de wohl ok, genau as wi an se, an uns dachen.

Hüüt weet ick ober, dat se dormols genau as wi an Hungerdoog nogen deen un froh weern, wenn se nebenbi ne Röv ergattern kunnen. Wi wenigstens weern froh, as wi an Heilig Obend wedder in't Loger rinmarscheeren kunnen, un uns »Privatköche« mit de Henkelpött achtern Stacheldroot stünnen un al op uns töven.

Ick haute glieks mit mien Kumpel af. In de Barack kladderte ick denn boben op de Britsch un leet de Been bummeln. He bunn mi dat Band vun de Büxenbeen los un schon rauschte de nüe Ration vör morgen in een Büdel rin. Dorno güng glieks dat Eten los. As erstes wur de Löpel, piel vun boben, in de Mitt vun den Brie rinstoken, denn dat bröch uns immer wedder Spooß to sehen, dat he ni ümkippen kunn. So hebbt wi beid uns gegensiedig an Heilig Obend 1945 in Kaiserwald in Riga een vun de schönsten Geschenke in Gefangenschaft moken kunnt, nämlich dicken Brie ohne Solt, nur in Woter kokt, ober so stiev, dat dor een Löpel in stohn kunn.

De Spezialist

Ick will mol vertellen, wi mi dat in russischer Gefangenschaft ergohn is.

Vun Beruf bün ick jo Blechschlosser. Spezialisten nennte de Russ so'n Lüüd. He wuss, dat de Dütschen noch ut Schiet wat Brukbores moken kunnen. Dat Schwierigste weer, Material to finnen. Dat heff ick dor, wo de tweigeschotenen dütschen Militärautos hupenwies in de Gegend rumstünnen, besorgt.

De verzinkten Bleche vun de Autodächer, de mit Tarnfarbe bemolt weern, heff ick mit de Säure ut de Batterien licht blank kregen. Denn heff ick dorvun Pötte, Ammers un Wann' mokt, richtig so no 'n Zeichnung mit »r Quadrat mal Pi«, mit een sülben mokten Zirkel, de nur ut een lütten Nogel mit een Band an weer. Een Zirkelschlag un de Abwicklung för mien Trichter oder Ammer weer fardig.

Een Russ, de mi dorbi tokeek, meente: Du korroscho Spezialist!« He fröög mi, of ick em ni een grooten Pott mit boben op een Trichter moken kunn. Den bruuk he, üm Kartüffelschnaps to moken. He wull mi dorför eene groote Torte geben. Oha, ick weer al mit een Kanten Brot tofreden weesen, ober wann harr ick toletzt mol ne richtige Torte sehen?

As ick den Schnapspott fardig harr, keem he tatsächlich mit ne Torte an. De weer mit Rote Beete füllt un hett wunnerbar schmeckt. De Hälfte heff ick glieks achter een grooten Holtstopel verdrückt. Den annern Deel heff ick mi boben in de Büx steckt, ober so, dat se ni rünnerrutschen kunn, denn fief Kilometer müß ick dormit noch bit to'n Loger lopen.

In Loger bün ick glieks op miene Pritsch ropkladdert un heff mi noch een grootes Stück to Boss haut. Mensch, weer dat een Geföhl, mol wedder richtig satt to sien. Dat weer doch wat anners as dat Eten in Loger. Jeden Dag geef dat dünne Wotersupp. Dorto kreeg jeder noch ne lütte Brotschief, de extra afwogen weer. Dormit man sehen kunn, dat se dat genau mokt harrn, leeg boben op de Schief noch een lütten Brotschnipsel. Den hebbt wi immer glieks wegneiht, dormit he uns ni rünnerfull.

Ick weet noch, as eener bös an Seuken weer. He harr den Schnippel verloren. He harr Glück, een anner harr dat Stück ünner de Hack. Een Griff un he harr sien Brot wedder un hett dat glieks vun de Hack in't Muul stoken.

So weer dat Leben in Gefangenschaft. De eene harr ne Tort eten un de anner hett sick al freut, wenn he bloots een an de Hack hett.

De Capri Fischer

Öber twee Johr weer ick al in de Nähe vun Riga in Gefangenschaft bi'n Iwan. All schnackten dorvun, bald no Hus to komen. 1947, genau op mien Geburtsdag, sull dat nu endlich sowiet sien. Öber Königsbarg sull dat losgohn. As so'n Loopfüer güng dat dörch alle Baracken, denn Königsbarg weer jo ni wiet vun Riga weg.

Wi marscheerten all to Foot no'n Bohnhoff. Neben uns güngen de russischen Soldaten mit ehre Gewehre op'n Ast, wo boben noch jeder siene »Hochantenne« opharr. Op'n Bohnhoff stünn al de lange Güterzug. De Waggons harrn binnen all twee Pritschen. Ick bün glieks friewillig no boben kladdert, denn ünner heff ick eenmol legen. Wenn du dor dicht an de groote Schiebedör to liggen kümmst, kann dat bös unangenehm warn. Dor weer nämlich de Holtrinn mit'n Utloop no buten anbröcht un dorneben stünn de dicke Knüppel to'n Schuben.

Ick harr mi boben no ganz achtern hinkropen. Dor weer een lütt Gitterfenster mit Stacheldroht dorför, wo de Peer wohl rutkieken kunnen. Ober meistens hett mien Kumpel neben mi dorför legen, denn de harr schwor mit sien Asthma to doon. He dee mi leed, ober ick kunn em jo ni helpen.

Wat sall ick veel rümschnacken. Königsbarg hebbt wi ni to sehn kregen, denn dat weer – as so oft – mol wedder, ne Schiethusparole wesen. Tein Daag weern wi ünnerwegs. In Stalino in Donetzbecken, wo de veelen Bergwerke weern, wurn wi schließlich utlood.

Ick weet noch as hüüt, as wi dorno in een groot Loger rinmarscheerten. De Russ harr een Kamerod vun uns, de mol Sänger in een Theaterchor wesen is, erlaubt, to'n Empfang een Leed ut unsere Heimat to singen. Alle keken sichtlich bewegt no boben, denn he stünn op'n Balkon un schmetter vun dor dat Leed vun de Capri Fischer dol, de he in Text ober to Fischer in Rußland mokt harr:

»Wenn im Osten die rote Sonne im Meer versinkt und die weiße Sichel des Mondes blinkt, fahr'n die Fischer mit ihren Booten aufs Meer hinaus.« Jo, so heet dat in't Leed. Wo schön weer dat doch weesen, wenn he dorför singen kunn: »Fahr'n die Gefangenen in ihre Heimat nach Haus.« Den halven Weg no Hus hebb wi jo al torüchlegt, man bloots in de verkehrte Richtung.

De krummen Pannkoken

Veer Monate weer ick in de Ukraine bi Stalino in een Gefangenenloger. Jeden Morgen marscheerten wi den langen Weg no de Zeche to'n Arbeiten. So ok wedder an Heilig Obend.

So as wi fröher to Hus al immer vun den Wiehnachtsbrooten schnackt hebbt, so hebbt wi an den Dag spekoleert, wat wi wohl düttmol för den Wiehnachtsobend an Land trecken kunnen. Wi hebbt allns mögliche versöcht, denn vun de Wotersupp in Loger kunn man no't Eten wohl wiet kieken, ober satt kunnst dor ni vun warrn.

Op de Zeche wurn wi to de verschiedensten Arbeiten indeelt. Mol müß man Holtstämme stopeln, Waggons af- oder oploden oder de Werkstätten sauber moken. Dor harr ober keener richtig Lust to, denn dor kunn man nix organisieren. In de Werkstätten arbeiden meisten

Russenfruns an de Dreihbänke, Fräs un Hobelmaschin.

Genau an Heilig Obend wur ick dor bin' to'n Utfegen indeelt. Dat weer ne böse Kruperee, denn de Maschin müssen dorbi wiederlopen. Ick heff de Spons ut alle Ecken rutpult. De eene Russin meente, so sauber harr dat ünner ehr Maschin noch keener mokt. Se fröög mi, of ick ni Lust harr, ehre Stuv sauber to moken, denn bruuk se no Fierobend dor ni mehr bi. Se geef mi den Schlötel, ober ick dörv mi ni sehen loten, sonst kreeg se vun ehrn Naschalnik een op'n Hoot.

»Oha, wo sull ick denn nu noch för hüüt wat organisieren«, dach ick. Bit jetzt harr ick Wiehnachten Obend buten immer noch wat Tosätzliches to'n Logereten ergattern kunnt. Ick heff mi denn op'n Hoff no ehr Barack röberschliekert un dor weer ick al in ehr Stuv. Se harr ni veel Möbel dorbin. De Disch un een Stohl stünnen vörn Fenster. Een Schrank un een Gardrof mit'n Vörhang dorför an de anner Siet. Gegenöber weer ehr Bett. Dat weer wohl so'n old Militärbett. De Matratz hüng so deep an Bööden, dat ick bald gor nich mit'n Bessen ünner komen kunn, ober ünnert Bett kieken de Frunslüüd jo immer toerst. So wull ick ünner ehr Bett allns, wat dor leeg, rutangeln. Dorbi steut ick mit den

Bessen gegen wat an. Bi'n näher Hinkieken seh ick achter an de Wand een lütten Sack mit Kartüffeln liggen. »Minsch«, dach ick, »dor heff ick doch noch Glück hatt, wat to Eten to finnen. Da kann jo wohl keener wat dorgegen hebben, dat ick een beten dorvun för mi mit no Hus nehm.«

Miene Büxenbeen harr ick immer ünner tosomenbunnen. So kunn ick mi de Kartüffeln vun boben in mien Büx kullern loten. Ick heff dormit ohn Schwierigkeit no Hus lopen kunnt. Dat lööp sick jo ohn Kartüffeln beter, ober ick weer froh, dat ick mi nu an Heilig Obend noch een Pott Pellkartüffeln koken kunn.

Ober in Lager leep ick dormit bös an, denn dor weer bloots een Oben un de stünn dicht vull mit Pött. Wenn eener een Pott rünnernehm, stellte glieks de achter em sien Pott rop. De Oben weer een oles Benzinfass. Een langes, schräges Rohr güng no buten. Man müß bös oppassen, dat man ni mit den Dassel an dat Rohr keem, denn eener vun uns hett sick dormols ganz bös sien Ohr ansengelt.

»Wat mook ick denn nu mit mien Kartüffeln?« dach ick. Ick weer ganz verzweifelt. Dor keem mi ne Idee. Ick heff mi buten een Stück Blech vun ne ole Dachrinn afmokt. Nogels weern genog an de Pritschen un so heff ick mi op'n Holtklotz een Riebiesen mokt. Immer mit een dicken Nogel Löcker in dat Blech haut, dicht nebeneinanner. So heff ick miene Kartüffeln dorop reepen, bit ick den Pott vull harr.

Alle stünnen un keken mi an, as ick mit mien Pott no'n Oben güng. Ick stellte mi neben dat Rohr un eh de annern dat wies wurn, lang ick mit mien Hand in den Pott un »Klatsch« harr ick schon de erste Loodung Kartüffelbri op'n Rohr. No ne kotte Tiet weer mien Pott leer. Dat duerte ni lang, un de Pannkoken weern bruun.

Ick jedenfalls mutt an disse letzten Wiehnachten in Gefangenschaft noch oft trüch denken, denn dat weer dat eenzige Mol in mien Leben, dat ick krumme Pannkoken eten heff.

De falsche Vadder

As ick 1948 ut russische Gefangenschaft wedder no Hus keem, harr sick veel in Kiel verännert. Ok in unsern grooten Familienkreis müß man sick erstmol wedder torechtfinnen. De Familien harrn sick to lang ni to sehen kregen.

So harr ick glieks een lustiges Belebnis mit mien lütten Neffen. Ick wohnte dormols wedder bi mien Modder. Een goden Dags keem de Fru vun mien Zwillingsbroder mit ehrn Söhn to Beseuk. He leep glieks op mi to un freute sick, weil he dach, ick weer sien Vadder. Ick leet em in den Globen un speelte mit em op'n Footböden. Op eenmol klingelte dat an de Dör. Dat kunn nur mien Broder sien, de jetzt Fierobend harr. Ick schickte den Lütten an de Dör. As he sien Vadder sehen dee, keek he mi mit groote Oogen an. Ganz opgeregt leep he no sien Modder un reep: »Mutti, Mutti, hier sind ganz viele Vatis.«

Besonners schwoor weer dat in de Tiet för de Familien, wo de Kinner veele Johre ehrn Vadder ni sehen harrn. As de Vaddersen in den Krieg trocken, weern manche Kinner noch Babies. Nu weern se ober al grötter un müssen sick vun ehr Modder vertellen loten, dat de »nüe Onkel« ehr richtige Vadder sien sull. Dor keem doch manch eener vun de Lütten in't Schleudern.

Ick weet noch, as mien Fründ Willi Meier ut Gefangenschaft wedder no Hus keem. He vertellte mi, as sien Söhn dat in de ersten Daag noch ni ganz begrepen harr, dat he keen Onkel, sonnern sien richtigen Vadder weer. Alle annern Männer ut'n Hus, de intwischen torüch ut'n Krieg komen weern, kennte he jo schon, ober mit dissen »Nüen« keem he noch ni richtig klor.

As de Lütte an een Dag mit anner Kinner för'n Hus speelt harr, kreeg he wohl mol wedder Hunger. Dat weer dormols vör de Währungsreform ganz wat Normoles. Ok manche vun de Grooten hebbt obends in Bett noch Kohldampf hatt. So hett den Lütten wohl orndlich de Mogen knurrt. He wuss, wenn he lang genog no sien Modder in de veerte Etage ropreep, wür se al dat Fenster opmoken. Dor harr ober een Uhl seeten: As dat Fenster boben opgüng, keek dor de »Nüe« rut.

Nu weer de Lütt völlig dörcheenanner un reep ganz verbiestert no boben rop: »Herr Meier, sagen Sie meiner Mutter doch mal ordentlich Bescheid, sie soll mir mal ein Stück Brot runterschmeißen.«

Jo, dat hört sick hüüt witzig an, ober so wär dat dormols würklich, un dat hett ne ganze Tiet duert, bit de Familien wedder richtig tosomen funnen hebbt.

In de Strootenbohn

Ick heff ni vör, een Book öber de Zwillingsforschung to schrieben. Ober mien Broder Herbert un ick hebb al de unmöglichsten Soken beleevt. Nich jeder kümmt dormit klor, dat dat uns in doppelte Utführung giff. Dorvun köönt wi so manche Geschichte vertellen. Dat kann manchmol teemlich unangenehm warn, denn manch eener meent, wi wüllt em op'n Arm nehmen.

Ick denk noch doran, as ick op de MaK arbeidt heff un jeden Morgen, as se dat alle moken, den Meister mit: »Moin, moin Hannes«, begreuten dee, denn wi weern in de Warksteet all gode Kumpels. Ober an een Dag keek he mi ganz vergrätzt an un blubberte glieks los: »Wenn du mi in Gaarden ni sehen wullt, bruukst du mi hier ok ni ankieken.« Ick segg: »Mensch, Hannes, ick weer gor nich in Gaarden, dat mutt mien Broder weesen sien.«

He wull sick ober nie belehren looten: »Dien Broder weer dat? Denkst du, ick heff keene Oogen in Kopp, wat Plietscheres is di wohl ni infull'n?« He wull nie mehr mit mi schnacken un dat hett noch ne ganze Tiet duert, bit sick dat wedder inrenkt harr.

So richtig pienlich weer dat ober mol, as mien Broder mit sien Fru, mit de he erst kort verheirat weer, in de Strootenbohn fohr. Dat weern noch de olen Wogen, de op jede Siet eene lange, harte Holtbank harrn. De Lüüd seeten sick dor gegenöber un jeder kreeg mit, woröber de annern sick ünnerholen. De Bohn weer al ziemlich vull, as an eene Haltestell een Fru ut uns Kirchengemeinde insteeg. Se grööt mien Broder, weer ober de Meenung, dat ick dat weer. Mien Broder segg: »Darf ich Ihnen meine Frau vorstellen?« Dor se ober miene Fru genau kennte, keek se em ganz verbiestert an un segg: »Ne, dat is ni ehre Fru, ehre Fru, de kenn ick.« De Lüüd in de Bohn keken sick an un grienten. Se dachen wohl, se harrn dor mol wedder een bi'n Fremdgohn erwischt.

Jo, so is uns beiden dat immer wedder ergohn un ok hüüt beleevt wi noch immer wedder sowat, denn Zwillinge, de sick bit in't hohe Öller so ähnlich seht, giff dat jo ni so rieklich.

De Revolution in de Waschkök

Waschdag, dat weer fröher schwoore Arbeit för de Fruns. Waschmaschin geef dat noch ni. So hebbt se den grooten Keetel in de Waschkök mit Woter full mokt un gröne Seep dorto geben. Ünner den Keetel müß Füer mokt warrn. Wenn dat denn anfüng to koken, wur de Wäsche mit'n grooten Holtknüppel ümröhrt. Denn keem dat Rüffeln op een Waschbrett un dat Dörchdreihn dörch de Mangel. An Waschdag geef dat dorüm ok bloots wat Schnelles, Eenfaches to Middag, denn to mehr harrn de Fruns keen Tiet.

No de Währungsreform weer allns anners as vörher. Nu keem langsam de Technik inne Gang, de allns bequemer moken sull. So weern mien Fru un ick an een Dag in eene Gastwirtschaft in Lehmbarg komen, weil wi in de Kieler Nahrichten les hebbt, dat dor een Mann mit een nüet Gerät alle mitbröchte Wäsche kostenlos waschen wull. De Kerl hett dor een Wäschestamper vörföhrt, mit den alle Soken fedderlicht bie'n Op- un Dolstampen in so'n Waschpott wedder sauber warrn sullen.

Dat Ding harr so'n langen dicken Holtstiel, an den ünner dree so groote gewölbte Metallringe anbuut weern, de bi'n Rünnerdrücken as so'ne Ziehharmonika tosomdrückt wurn un bi'n Losloten dörch 'ne ingebuute Fedder wedder torüch güngen. Je schneller dat mokt wur, umso mehr Wellen geef dat in den Waschpott un de Wäsche wur ordentlich durchwirbelt.

»Revolto« hett dat Ding heeten, denn dat weer de Revolution in de Waschköök, vertellte he uns: »Dormit kann jeder waschen, ohn dorbi de Hannen natt to kriegen«, wull he de Tokiekers wiesmoken. »Dat is dat beste Hochtietsgeschenk, wat de Öllern ehre Döchter moken könnt«, so pries he dat an. Jeder dörf sülben mol den Stamper in de Hand nehmen un all weern sick eenig: »Jo, dat geiht ganz licht.«

De Kerl harr ober noch een Trick, üm uns to öbertügen. Vör'n Waschen mok he in een Handdoog een dicken Knooten. As he no'n Stampen den Knooten wedder opmok, weer de Öberraschung groot. Dat ganze Handdoog weer witt, bloots in de Mitt weer een dunkeln grauen Plakken. De Lüüd moken villicht Oogen. Sowat harrn se noch ni sehen.

Manch eener hett so'n Stamper köfft. Wi weern noch unseker, ober as he noch tosicherte, dat dor een halves Johr Garantie op weer, hett he uns toletzt doch kregen. So güng ick ok mit so'n Ding ünner'n Arm mit mien Fru no Hus.

Wi hebbt den »Revolto« tosomen mit miene Schwiegeröllern köfft. Ick müß den Stamper immer to Foot no Gaarden bringen, wenn se Waschdag harrn un later wedder afholen. So hebbt wi dormit ni veel Tiet inspoort. Un ok mit de Garantie weer dat so'ne Sook. Wat hett de Kerl doch noch seggt: »De Stamper is garanteert ni kaputt to kriegen.« Dormit harr he recht. Bloots wat he würklich ni dee – waschen, dat kunn he ni. Ober dorop harrn wi jo ok keen Garantie kregen.

De Holtlokomotiv

As ick in de 50er Johrn as Schlosser bi de MaK in Friedrichsort arbeidt heff, weern miene Kinner noch kleen. Dat weer in de Tiet no'n Krieg, wo Arbeit groot un Geld noch lütt schreeben wur. Dor kunn man ok to Wiehnachten keene grooten Geschenke moken. Ober wo sullen de Kinner dat verstohn?

So güng ick no »Jacobsen« an Dreiecksplatz. Dat weer een grootes Wornhus, wat später »Merkur« heeten hett un denn »Horten«, bit dat dichtmokt wur. In de Mitt vun Dreiecksplatz stünn een Sipo op een Podest un regelte den Verkehr. Dat seh putzig ut, wenn he de Autos un Tweeräder mit ne Handbewegung an sick vörbifohren leet. Siene Arms weern immer in Bewegung.

Neben sick harr he een Korf stohn, as jedet Johr vör Wiehnachten. Veele Autos fohren bit in de Mitt an den Sipo ran un de Fohrer schmeeten een lütt Wiehnachtspaket in den Korf. Ick heff dor ne Tiet tokeken, bevör ick no Jacobsen ringüng. Dor wull ick mi in de Speelworenabdeelung ümkieken, of ick dor wat Priesgünstiges för miene beiden Jungs ergattern kunn. Ober allns, wat mi gefallen dee, weer veel to düer.

In een Regol stünn ne groote Holtlokomotiv mit dree Waggons. Obwohl se unbetohlbor weer, harr se mi dat andoon. »Kann ich etwas für Sie tun?« fröög mi eene Verkööperin. »Ne, danke«, segg ick, »ick kiek nur mal so.« – »Wat för een fienes Geschenk för miene Jungs«, dach ick, »ober de köönt wi uns eenfach ni leisten.«

Dor harr ick ne Idee. Bi'n nächsten Beseuk nehm ick vun to Hus een Zollstock mit in dat Wornhus un heff denn so ganz unopfällig alle Maße op een lütten Spiekzettel notiert. Ick müß ober oppassen, dat mi keen vun de Verkööper sehn dee, denn dat weer verboten. »Industriespionage« wür man wohl hüüt dorto seggen.

So hebb ick Stück för Stück anfungen, de Holtlokomotiv in mien Keller to buun. Immer wenn ick wedder wat nohmeeten müß, bün ick mit mien Fohrrad bi Iis un Schnee direkt vun de Arbeit no Jacobsen fohrt. De Verkööpers harrn mi langsam op'n Kieker un ick bün immer schnell wedder afhaut.

So hebb ick bald de schöne Holtisenbohn mit dree schmucke Waggons fardig kregen. Dat weer ne Freid to sehen, wo miene Kinner de veer Pakete ünner'n Dannboom utpackt hebbt. De ganzen Wiehnachten hebbt se dormit in de Stuv rümrangiert. Dat Ding weer ni twei to kregen. Bit in't nüe Johr weer de Lokomotiv in' Insatz.

Erst över Sommer keem he in mien »Isenbohn-utbesserungswerk« in den Keller, üm den nächsten Wiehnachten wedder fohrplonmäßig un grundöberholt in uns Stuv verkehren to könen.

Urlaub in Opas Goorn

Urlaub, so as de Lüüd dat hüüt moken, dat kunn man fröher ni, denn dat Geld weer öberall bös knapp. An Wochenend sünd wi ober oft mit'n Fohrrad no'n Kuckucksbarg fohrt, denn dor harr mien Schwiegervadder een grooten Schrebergoorn. Dor hebbt wi in Sommer manch schöne Tiet verbröcht.

An een Dag harr mien Schwiegervadder ne Idee. »Ji köönt doch dissen Sommer richtig in mien Goorn Urlaub moken«, segg he, »wohnen köönt ji in de Bud. Dat koss jüm keen Penn. Dor hebbt ji een Plumpsklo. Woter köönt ji ut de Pump bi'n Naver kriegen. Dat meiste to Eten hebbt ji immer frisch ut'n Goorn, un all dat annere köönt ji mit'n Fohrrad vun Koopmann holen.«

He harr recht. Dat weer ne gode Idee, un in de nächste Woch sünd wir dor introcken. För uns harrn wi dat ole Klappsofa in de Bud un för uns Kinner hebbt wi in den lütten Anbu een Etagenbett opstellt. Uns Söhns weern begeistert, as se den ersten Obend dor in de Puch legen. Se wullen ober ni inschloopen, bevör ick se ne Wildwestgeschichte vertellt harr.

Obst un Gemüse harrn wi in Goorn. Ganze Kochpött vull Brombeern hebbt wi dor plückt. Mit'n Fohrrad bün ick denn no'n Koopmann fohrt un hebb ne Kann vull Milch köfft. As ick wedder trüch weer, harr mien Fru al Füer in de Brennhex mokt un weer dorbi, Rode Grütt to koken. De Kinner weern al ganz opgeregt, denn Brombeergrütt dat weer ehr Liefgericht.

Ne Bodewann hebbt wi ni hatt. To'n Waschen hebbt wi immer ne Schöttel vull Woter vun de Pump holt. Wenn eener vun de Kinner dat besonners nödig harr, denn hebbt wi em in de Regentünn stoken.

Ni wiet vun uns Goorn keem poormol an Dag »Hein Schönberg«, de Isenbohn ut Kiel, vörbi. Dat weer wat för unsere Kinner. Ständig hebbt se pranselt: »Papa, wüllt wi ni wedder no'n Schild gohn?« So hebbt wi oft bi'n Bohndamm in Gras legen un op de Isenbohn tövt. Wenn dat groote runde Schild an den Signalmast ümklappte, denn keem de Dampflok anrauscht. »Schhhh, Schhhh, Schhhh« keem se erst langsam inne Gang. Dat hörte sick meist so an as »Ick schaaaff dat ni, ick schaaaff dat ni.« Ober wenn se den Fohrt obnohmen harr, wur dat schnell een »Ick schaff dat doch, ick schaff dat doch.« Wi hebbt ehr nokeken un bleven noch solang sitten, bit dat Schild wedder hochklappte.

Uns Opa hett uns oft in sien Goorn besöcht. He weer ok een Experte in Schrottsammeln un kennte veele Stellen, wo man wat finnen kunn: He hett uns dat Muul wässerig mokt. »Dor söökt man mol«, segg he, »vun dat Schrottgeld köönt wi uns dann een schön' Obend moken.«

Un genau as he uns dat wies hett, weer dat ok. Wi hebbt ordentlich wat funnen. Dat hebbt wi glieks to een Schrottkerl bröcht. Bi'n Koopmann hebbt wi denn för uns lütte Fier inköfft. Twee Doos Fisch in Tomatensoß, een Doos Pfirsich, een Becker Kunsthonig, ne Tüt Zucker, ne Buddel Wien un annere leckere Soken harrn wi in uns Korb, as wi mit'n Fohrrad wedder trüch fohren.

Dat weer een schönen Obend op de Goornveranda. So wat kregen wi ni alle Daag to eten. De Samos weer schön sööt un besonners lecker, ober wi harrn man bloots eene Buddel. Villicht weer dat god so, denn so hebbt wi ok de letzten Urlaubsdaag in Opas Goorn tofreden un ohn dicken Kopp verbringen kunnt.

Strandfohrt

Mien Schwoger Günther harr al fröh no de Währungsreform een Auto. Dat weer een »Tempo« Dreirad, een lütten Lieferwogen. He bruuk den Wogen, üm obends de Kunden vun siene Sämerei un Goornhandlung mit Dünger, Höhnerfutter un Torfmullballen to belevern. Dorno harr he denn den grötteren »Tempo Matador«.

Vun eene Kinorenovierung hett he dree utrangierte Klappsessel kregen. De hett he achtern op de Ladefläche buut. So sünd wi an manch een Sünndag mit veer Erwachsenen un fief Kinnern no Eckernholm an Strand föhrt. Dree kunnen vörn in de Kabin sitten. De annern sünd achtern op de Ladefläche klattert un denn wur de Plan achter se dicht mokt. Dor kunnen se denn in een Kinosessel oder op een Torfmullballen sitten.

So heff wi uns een schöne Stranddag mokt. Wenn wi in Eckernholm ankemen, weer dat meist al Middagstiet. Allns to Eten harrn wi ut eegene Anfertigung mitbröcht, denn dat sull ni veel kossen. Dat geef Speckkartüffelsalat ut'n Weckglas, darto Karbonad un Frikadellen. För de Mannslüüd harrn wi ok noch een Buddel Beer dorbi. So hebbt wi tofreden in de Sünn legen, Ball speelt oder een beten op de Luftmatratz schlopen.

För de Kinner weer dat Baden dat Schönste. An leefsten wullen se den ganzen Dag in't Woter blieben. Bi'n Dückern keken meistens bloots noch de Morsbacken ut'n Woter. »Kiek mol, al wedder een Lüchtturm«, reepen wi denn un hebbt lacht.

So güng de Tiet an' Strand schnell vörbi un wi müssen wedder no Hus fohren. Ick weet noch eenmol, as ick wedder mit de Kinner achtern op de Ladefläche seeten heff. Wi hebbt veel vertellt, Witze mokt un luut lacht. Plötzlich hett mien Schwoger an de Kabinwand haut un reep »Achtung, still sein, Polizei!« Op de anner Siet vun de Krützung stünn een Polizeiwogen an de Ampel. Mann, wat weern wi erschrocken. Dat Mitfohrn op de Ladefläch weer nämlich verboten. Keen Mukser hebbt wi mokt, bit wi vörbi weern.

Bit wi den Schreck verdaut harrn, keem ok al unser Stop bi'n Tunnel an de Levensauer Hochbrück. Wenn dat Geld noch riekte, sünd wi dor mit alle Mann in de »Schweinsgeige« inkehrt. Dat weer een Landgasthof, wo wi uns denn noch een Schinkenbrot un een Beer to Boss haut heff. De Kinner freuten sick to ne Bockwuss un ehre geele Brus. So harrn wi een schön Afschluß vun uns Strandfohrt.

De nüe Fernseher

As ick 1948 ut Gefangenschaft no Hus keem, harr noch keener an Fernsehen dacht. Dor weern wi al froh, een Radioprogramm to hören. Dor geef dat de Hörspeele, de keener verpassen wull, denn de weern all mit »Fortsetzung folgt«. Ok de Lebensratssendung mit Dr. Walter von Hollander, de später Dr. Erwin Markus öbernohmen hett, bröch uns eenmol in de Woch an den Kassen.

Wi hebbt disse Sendungen meist mit uns Schwiegeröllern tosomen hört. »Das ideale Brautpaar« vun Jack Königstein weer dormols de Renner. Wenn de Naverslüüd de Fenster op harrn, kunn man hören, dat se all de gleiche Sendung inschalt harrn. Jeder wull weeten, wo dat wiedergüng.

Fernseher geef dat erst later. Se harrn een lütten ovalen Bildschirm un dat Bild weer in

Schwatt-Witt. Allmählich kunn man in een poor Gaststätten un Cafes fernsehkieken. Dat heff ick ni oft mokt, denn dor müß man immer wat to Drinken bestellen. Dat weer schwor, mit ne Brus oder een Beer twee Stünn dor to sitten, üm een Footballspeel antokieken.

Dat geef ober al de ersten, de sick een Fernseher leisten kunnen. De »Neureichen« nennten wi de. Miene Schwester Gertrud harr ok so'n Kassen. Dat weer de Sensation. Immer, wenn dat wat Besonneres geef, sünd wi to'n Kieken to ehr gohn.

Miene Söhn hebbt dat schnell spitz kregen. Se hebbt immer ut de Zeitung rutschreeben, wat se sehen wullen. Dissen Programmzettel hebbt se, ohn dat wi dat wussen, ünner'n Teppich in de Stuv opbewohrt. Wenn dor mol wedder wat för se keem, sünd se to Foot no mien Schwester hinmarscheert. Dor kunnen se denn »Fury« un »Sport, Spiel, Spannung« kieken.

Nu harr dat ni mehr lang duert, dat wi ok een lütten Fernseher kreegen, ohn uns überhaupt een leisten to könen. »Ratenzahlung« heet dat Zauberwort. As ick den Kassen opstellt un de Antenn anschloten harr, geef dat toerst nur Schneegestöber op'n Bildschirm. Dortwischen kunn man ober een beten wat erkennen, dat as twee Enten op'n Diek utseh. As ick de Antenn beter instellen wull, reepen miene Söhn ganz opgeregt: »Nicht wegmachen, Papa, nicht wegmachen.«

Ick heff dat ober doch noch god hinkregen. So hebbt wi manche Sendung mit den Apparat sehen kunnt. De halve Familie keem to uns, wenn dat een Strootenfeger as »Das Halstuch« vun Durbridge geef. Jeder hett dat sehn un an annern Dag doröber schnackt, wer bloots de Mörder sien kunn.

Ok de Footballweltmeisterschaft bruuk ick nu ni mehr in de Kneipe to kieken. Ober obwohl de Antenn nu god instellt weer, kunnen wi in Endspeel Dütschland gegen England ni erkennen, of dat drütte Tor nu bin' weer oder ni. Ober de Bundespräsident Lübke, de sülben in't Wembley Stadion weer, hett seggt, de Ball weer bin'. Un he mutt dat jo weeten, denn he hett dor wohl een beteres Bild hatt as wi.

De Fohrschool

As ick 1960 bi de Stadtwerke anfüng, keem ick dor in den Stördeenst. Dor ick keen Föhrerschien harr, müß ick veele Wege to Foot moken. Af un to hett mi een Kolleg fohrt, ober as he dor keen Lust mehr to harr, wull he dat ni mehr. »Ick bün doch ni dien Taxifohrer«, segg he, »mook doch sülben een Föhrerschien.«

As ick dat mien Schwoger vertellte, hett de mi glieks toredet: »Mook dat man, dat schaffst du al. Ick heff dat schafft, un dusseliger as ick büst du ok ni.« He vertellte mi, dat he ne Fohrschool wuss, de ut den unbegobtesten Menschen noch een Autofohrer moken kunn.

An annern Dag güng he mit mi no de Holtenauerstroot in so'n lütte Villa. Dat weer de Fohrschool Fraesdorf. De Mann wuss mit Menschen ümtogohn. He hett manchmol ganz besonnere Infälle, üm mit siene Schöler klortokomen.

Mien Schwoger harr immer de Angewohnheit, sick üm Halteschilder ni besonners to kümmern. Ecke Fleethörn un Rothusstroot, wo fröher noch de Strootenbohn fohrte, weer dat mol wedder passeert. Dor leet de ole Fraesdorf em vör'n Rothus anholen un segg: »Dat mokst mi ni noch mol. Dor in't Handschuhfach liggt een Putzlappen. Jetzt stiggst du ut, geihst torüch un putzt dat Halteschild. Wenn du dor ober keen Lust to hest, kannst glieks no Hus gohn.«

He hett sick wohl bi'n Kieken in den Rüchspegel doröber amüseert, wo mien Schwoger an Wienern weer un de Lüüd op de Stroot sick ümdreihten un bestimmt meenten, dat de Kerl wohl een Vogel harr.

Ick heff mi sünst üm Autos ni veel kümmert, ober jetzt harr ick doch miene Bedenken, wenn se so an mi vörbirauschten. »Dat schaffst du ni«, dach ick vör miene erste Fahrstünn. Dor funn ick an een Dag tofällig vör so'n Bökerloden in so'n Kist mit utrangierte Schmöker een Book, wo groot op den Deckel opstünn »Wie werde ich Erfolgsmensch?«. Dree Mark sull dat kossen. Ick dach, dat is dat richtige för diene schwachen Nerven, de dree Mark investeer man. Ick klapp dat Book op, un dor stünn glieks op de erste Siet: »Bi allns wat du mokst, immer positiv denken, denn kann öberhaupt nix scheeflopen.«

Mit disse Book bün ick inschlopen un ok wedder opstohn. Dat hett mi tatsächlich holpen. Ick weer al veel ruhiger, wenn ick to de Fohrstünn güng.

Doch so ganz wull ick mi ni dorop verloten. Deshalb heff ick tosätzlich noch wat to'n Beruhigen innohmen. Dormit bün ick bi den Fraesdorf ober bös mit anlopen. Bi eene Fohrt hett he wat markt.

»Segg mol, Blomberg«, fröög he mi dor, »büst du eegentlich in ne Apteek beschäftigt, du rückst nämlich so komisch?« Nu müß ick em dat jo seggen, dat ick immer, bevör de Fohrt losgüng, een lütten Underberg to mi nehm, üm mi to beruhigen. »Wat hest du to di nohm?« reep he un wull dat gor ni glöben. Ick heff em denn verspreken müß, dat ni mehr to moken. »Dat bruukst du ok gor nich«, segg he, »du föhrst doch so al ganz god.«

He harr recht. Mit 30 Fohrstünn heff ick een poor Daag später op een VW 500 mien Föhrerschien mokt. Un immer, wenn ick später mol den olen Fraesdorf in de Holtenauerstroot dreep, hebbt wi uns freut. »Na, Underberg«, segg he denn, »wi geiht di dat?«

Onkel Ludwig

Fröher geef dat noch veele Originole in Kiel, un öber einige is al manches schreben wurn. Ick will vun een Mann vertellen, de wieder nix in sien Leben wull, as Menschen hölpen, un den de meisten hüüt wohl al vergeeten hebbt.

Onkel Ludwig harr sien Stammplatz op'n Olen Markt, de dormols noch platt as een Pannkoken un nich so verbuut weer as hüüt. Dor, wo de Trepp in de ünnerirdische Toilettenbud dolgüng, stünnen twee Telefonzellen. Ober nur de eene weer in Betrieb, de anner harr Onkel Ludwig in Beschlag nohmen. He weer ne Anloopstell för all de Menschen, de in de Stadt rümlepen mit ehre vullen Inkooptaschen, Pakete för de Post oder wat se sonst noch all harrn. De weern froh, bi em in de Telefonzell ehre Soken mol för ne Stünn ünnertostellen. Se kunnen sick dorop verloten, dat bi em nix wegkeem.

Nebenbi hölp Onkel Ludwig noch jedem Autofahrer as Inwieser, sien Wogen richtig aftostellen, denn Parkuhrn un afgedeelte Parkplätze geef dat dor noch ni. He hett ok oftmols op een Kind oppasst, wat sick in de Holstenstroot verlopen harr. Wenn dat bi Onkel Ludwig afgeben wur, denn weer allns in de Reeh. Dor hett manche Modder ehrn Utrieter wedder afholen kunnt.

Jo, so hett Onkel Ludwig veel Godes för siene Stadt un för veele Lüüd doon. To'n Arbeiten wull em keener mehr hebben, weil he to old weer, un so hett he sick sien »Eenmann-Betrieb« sülben inricht. He möök allns friewillig. Dat de Lüüd ut Dankborkeet so nebenbi een »Heiermann« in sien Tasch stoken, dat weer em wohl tosätzlich to siene lütte Rente to gönnen.

Onkel Ludwig weer een Eenzelgänger. He harr ne lütte Wohnung dicht bi'n Olen Markt in de Küterstroot. Jeden Obend, wenn dat an sien Stand ruhiger wur, mascheerte he alleen no Hus.

Ober an een Obend weer dat passeert. Twee junge Lüüd hebbt em opluert. Se harrn dat wohl al lang plont un wussen, dat he siene Drinkgelder immer in de Tasch harr. In't Treppenhus hebbt se em to'n Krüppel haut un dat Geld afnohmen. Ick glööv, dat weern noch keene 100 Mark. Ludwig hett dat ni öberlevt.

Ganz Kiel weer erschüttert. Mit Onkel Ludwig hett Kiel een Originol verloren. Een vun de »Lütten Lüüd«, de sick üm uns Stadt verdeent mokt hebbt. Wer mehr öber em weeten möch, de sull doch mol no'n Olen Markt gohn, denn an de Eck vun de Küterstroot hängt ne Gedenktofel mit sien Bild un dor steiht op:

*»Gedenktafel
Ludwig Goedecke (Genannt »Onkel Ludwig«)
Ein liebenswürdiges Kieler Original. Er wirkte von 1946 bis 1967 als Parkwächter auf dem Alten Markt und tat viel Gutes.
Diese Gedenktafel stifteten dankbare Kieler Bürger.«*

Ick jedenfalls lot mi dat ni nehmen, wenn ick öbern Olen Markt goh, ne Minut vör sien Tofel stohn to blieben, üm an em to denken, denn Onkel Ludwig weer för mi een grooten Mann.

De Examsarbeit

Wenn man öller ward, giff dat al mol dat eene oder annere Wehdoog. De Teen sünd dor meist besonners kritisch. So güng mi dat ok. Ick weer eegentlich mit miene Hauer noch ganz god tofreden. Ober een goden Dags müß ick doch mol wedder in de Teenklinik to de ambulante Behandlung. Dor harr sick nämlich bi mi een Teen in de böbelste Reeh selbständig mokt un weer rutfullen.

Nu harr ick dor in de Mitt vun dat opene Muul een Lock, un jeder, de mi ankeek, griente un segg: »Wi hest dat denn mokt?« So wull ick dat möglichst schnell wedder dicht kriegen. Dat kunn doch ni lange duern, een nüen Teen dortwischen to backen.

Ick bün een sporsamer Mann un deshalb heff ick miene Teen immer in de Teenklinik moken loten. In Harvst müssen dor nämlich de Studenten ehre praktische Arbeit aflevern un dorto bruken se friewillige Kandidoten, wo se an lernen kunnen. Dorto harr ick mi anmeld, denn so koss mi dat keen Penn.

Dat güng dor allns ganz fix. An annern Dag kunn ick miene Teen al wedder afholen. Ick weer ober ganz verdattert, as de Doktor to mi segg: »Die Zähne sind nur ein Provisorium«. Ick dörf se nur solang beholen, bit se mi ganz nüe Teen mokt harrn.

Dree Wochen hett dat duert. As ick se afholen sull, empfung mi de junge Studentin ni as sonst in witten Kittel, sonnern in een schwatten Kostüm. Se weer ganz opgeregt und vertellte mi, dat mien Gebiss ehre Examsarbeit weer un ick nu mit ehr tosomen no den Geheimrat rin sull.

He wöör mi denn eegenhändig de Teen in mien Muul rinsetten, hett se mi verklort. Se beed mi, dorbi schön ruhig sitten to blieben. Ick sull mi nix anmarken loten, wenn he dat een beten glupsch mok. Wenn ick nämlich de Schnut dorbi vertrecken do, kunn he de Meenung sien: »De Teen passen ni richtig.« Dat kunn nich god för se sien.

So güng wi also tosomen rin. Allns weer ganz fierlich. Dor seet de Geheimrat un vör em legen miene Teen op so'n schönes, wittes Seidenkissen op'n Disch. Beten groff weer de ole Geheimrat jo, as he in mien Muul rumfummelte. Ober allns hett bestens klappt. De nüen Teen seten, as wenn se fastwussen weern.

No een Woch müß ick noch mol to Kontrolle hin un freute mi, dat ick so gode Teen kregen harr. Ober dor keem de Knall. »Wir müssen diese Arbeit leider einstampfen«, segg de Doktor to mi, »der Herr Geheimrat meint, die einzelnen Zähne sind nicht gleichmäßig genug geworden«. Ick sull nochmol wedderkomen un nüe Teen kriegen. Ick full ut alle Wolken. »Nochmol dat ganze Theoter? Ober ni mit mi!« dach ick. – »Se köönt hier instampen, wat se wüllt«, mok ick em klor, »ober disse Teen bliebt bin'.« Nu weern se in de Kniep, wat se nu moken sullen. Denn kemen se mit mi öbereen, dat ick dat ünnerschrieben müß. Dat heff ick geern mokt, denn disse Teen weern wunnerbor. Se hebbt mi bit hüüt ni in Stich loten un ick heff dormit manch een Brötchen eten kunnt, ohn mi dorbi op de Tung to bieten.